ISBN 978-0-666-05833-1
PIBN 11035450

Q. B. F. F. Q. S.

AUCTORITATE

ET SUB AUSPICIIS

SERENISSIMI AC POTENTISSIMI

PRINCIPIS ET DOMINI

FRIDERICI GUILIELMI

PRINCIPIS ELECTORALIS ET CONSORTIS REGIMINIS HASSIAE ETC.

AD

NOVI PRORECTORIS

INAUGURATIONEM

DIE IX. M. SEPTEMBRIS A. MDCCCXXXVIII.

CONCELEBRANDAM

INVITAT

PRORECTOR MAGISTRATU ABITURUS

CAROLUS FRIDERICUS HERMANN,

PH. DR. ET- PHILOLOGIAE P. P. O. SEMINARII PHILOLOGICI DIRECTOR ET
BIBLIOTHECAE ACADEMICAE PRAEFECTUS SECUNDARIUS.

Inest disputatio de loco Horatii Serm. I, 6, 74—76.

MARBURGI,

TYPIS ELWERTI ACADEMICIS MDCCCXXXVIII.

Appropinquante die, quo magistratum academicum per integrum annum gestum deponere fascesque successori rite creato tradere debeam, nulla profecto cogitatio magis mentem meam occupat quam feriarum, quibus animi corporisque vires tot tantorumque negotiorum molestia confectas ipsaque varietate laborum misere vexatas et defetigatas recreari consuetorumque studiorum amoenitati reddi posse sperem; quam spem quum his pagellis scribendis quasi praecipere liceat atque ipso muneris officio ad ea tractanda adigar, unde me adhuc prohibere potius contraque nitentem revocare solitum sit, nihil habeo, quo hanc scribendi opportunitatem rectius conferri existimem, quam ad illustrandum locum, cui ipsa feriarum commemoratione lucem diu desideratam affusum iri confidam. Ne tamen nimia festinatione praeceps ruere et praepostere agere videar, omissis quae ad finem potius disputationis pertineant, primum difficultates exponam, quibus verba de quibus disputaturus sum laborant, variasque virorum doctorum sententias, quibus ea explicare conati sunt, ordine enarrabo et in examen vocabo; quo facto si multas dubitationes etiam nunc remanere apparuerit, sua sponte eo oratio redibit, ut fons, unde omnia facili negotio expediri posse censeamus, aperiatur, quamque in majoris momenti argumento propter temporis angustias

1 *

operam ponere non potuimus, uni certe venustissimi poëtae dicto
haud inane ut nobis videtur auxilium afferat. Horatius enim in no-
bilissima Satira libri primi sexta, ut se quamvis libertino patre
natum principum amicitia haud indignum esse ostendat, imprimis
etiam patris diligentiam piis laudibus praedicat, qui se jam puerum
Romae potius probatissimis illius aetatis magistris erudiendum tradere
maluerit, quam domi suae Venusiae in Flavii ludum mittere,

> *Quo pueri magnis e centurionibus orti*
> *Laevo suspensi loculos tabulamque lacerto*
> *Ibant octonis referentes idibus aera,*

quibus in verbis duplex difficultas accuratius legentibus objicitur, altera critica, quod medius versus iisdem verbis iterum exstat in
Epistola libri primi prima v. 56:

> *Virtus post numos: haec Janus summus ab imo*
> *Prodocet, haec recinunt juvenes dictata senesque,*
> *Laevo suspensi loculos tabulamque lacerto;*

exegetica altera, quod parum liquet, quid sit referre *aera idibus
octonis*; de utraque autem, ut fere fit, tot tamque diversae interpretum opiniones exstiterunt, ut, nisi tuo ipsius judicio utaris, inter
tanta auctoritatum libramenta dubius consiliique inops haereas. Et
priorem quidem alii ita tollere conati sunt, ut versum de quo agitur ex Epistolae loco prorsus eliminarent [1]), alii exemplis allatis

---

1) Sie post Cuninghamiam, Sanadonium, Wetzelium super etiam C. D. Beckius de
glossematis quaest. I (Lips. 1831. 4) p. 11 et in Horat. Epp. l. l. v. 56 male ex Satir.

eundem bis usurpare poëtae licuisse contenderunt [2]), horumque ipsorum alii eandem utroque loco, alii diversam ei sententiam tribuerunt;
de altera vero jam Wissius tria opinionum genera enumeravit, quibus omnibus refutatis ipse suam quartam adjecit [3]), nec tamen aut
censori suo satisfecit [4]) aut eam comprehendit quam paulo ante
Schmidius retractatis quae ipse modo de Epistolae loco scripserat
proposuit [5]); quae quum ita sint, quo minus aut philologum deceat
inter repugnantium sententiarum turbas dubium oberrare, aut tersis-
simi poëtae sensus tumultuariis suspicionibus vexari oporteat, eo
rectius mihi agere visus sum, si totam rem ab integro exorsus ita
tractarem, ut nemini interpretum addictus illud solum sequerer, quod
et aliorum locorum comparatio et ipsi antiquitatis mores poëtae pro-
positum fuisse suaderent. Duos tantum inveni interpretes, quorum
etsi sententias quippe inter se ipsas oppositas veraque falsis miscen-
tes integras amplecti nequeo, tamen quasi pro fundamentis hujus
disputationis ponere audeam: alteram antiquissimam Acronis gram-
matici, qui in scholio ad v. 75: *numos*, inquit, *pro mercedibus*,

I. 6, 74 *repetitus est, quidquid etiam ad eum h. l. tuendum* Gesnerus, Doeringius, Schmidius
*dixerint; nam uti Satirae illi, in qua pueri sistuntur cum tabula et loculis in scholam nume-
rorum discendorum causa euntes, aptissimus, ita Epistolae loco, ubi juvenes senesque recinere
dictata h. e. frequentissime in Janis dicta recinentes commemorantur, accommodatus dici
non potest.*

2) Sic imprimis Schmidius in edit. sua (Halberst. 1828. 8) T. I, p. 28 et Obbarius in
Q. H. F. Epistolis commentariis uberrimis instructis (Lips. 1837. 8) Fasc. I, p. 73.

3) Quaestionum Horatiarum lib. I. (Rintelii 1829. 4) p. 7 sqq.

4) In Ephemer. Litt. Jenens. 1832, n. 218.

5) *Zweite Bemerkung über Horat. Epist. I. 1. 56* in Zimmermanni Ephem. Scholast.
1829, p. 430.

octonos asses aeris, quia ante idus mercedes dabantur, alteram recentissimam Theodori Schmidii, qui doctissima disputatione comprobavit, v. 74, nisi alia argumenta accederent, pro se spectatum prorsus non pueros in ludum euntes declarare [6]), unde licet ipse eo potius pervenerit, ut rejecta Acronis auctoritate insequentem quoque versum aliter interpretaretur, hoc certe nobis operae compendium fecit, ut eam rationem, quae nostro loco cum Epistolae verbis intercedat, rectius quam antehac a plerisque factum est existimemus; de Satira deinde multo facilius judicium fieri poterit. Nam quum alii illum versum, quippe ad solos puerulos spectantem, ab Epistolae loco, ubi senes juvenesque rei pecuniariae operam dantes commemorantur, prorsus alienum habuerint, alii autem ita emendandum censuerint, ut aliqua puerorum mentio cum senibus juvenibusque conjungeretur [7]), nihil certius esse videtur, quam illie demum, ubi de Janis et re argentaria agitur, quasi proprium sibi *loculos tabulamque* locum invenire, tantumque abesse ut, si veterum scriptorum usum et testimonia respiciamus, illa gestamina, quibus laevo humero suspensis centurionum pueri in Flavii ludum itasse dicantur, cum nostratium peris sive saccis comparari possint, quibus

---

6) Ibid. p. 429: *Schwerlich würde selbst ein römischer Leser dort in jenen Worten die Schulknaben erkannt haben, wenn sie nicht durch andere Merkmale bezeichnet wären.*

7) Sic ipse Schmidius antea in Ephem. Scholast. 1829., p. 23 legendum suaserat *loevo suspensis loculos tabulamque lacerto*; Marklandus autem in Explicatt. veterum aliquot locorum pone Eurip. Suppl. edit. a. 1763, p. 255 post *juvenes senesque* adjici jussit *et*, quod recepit Wakefeldius, Obbarius tamen, qui et ipse antea probaverat in edit. primae Epistolae singulari (Rudolst. 1822. 8) p. 52, secundis curis reprobasse videtur.

conditam supellectilem scholasticam secum gerere solent, ut haec foeneratorum potius instrumenta fuerint, quibus ad calculos subducendos numerandamque pecuniam uterentur, qua de re Schmidius recte adhibuit Juvenalis locum in Sat. IX, 41:

Computat ac cevet; ponatur calculus, assint
Cum tabula pueri: numera sestertia quinque etc.

atque licet *tabulae* etiam in puerili institutione passim usus commemoretur [8], *loculorum* certe mentio, quantum equidem intelligo, ad eos tantum pertinet, qui rei pecuniariae aliquo modo operam dant. Et hac in re ne cum Schmidio quidem amplius mihi convenit, qui et ipse nescio quomodo nostri loci recordatione inductus eorundem quorum sententias impugnat quasi invitus signa sequitur, quumque recte intellexisset, si quid ex altero loco in alterum transferre liceat, pueris potius quae foeneratorum quam his quae puerorum sint attribui, nihilominus *loculis* eam significationem concessit, quae, nisi egregie fallor, ex uno nostro loco a lexicographis scilicet eruta est, ut sint *capsulae calculorum plenae vel arculae loculatae, quibus ad supputandum usi sint* [9], quasi foeneratoribus illis, qui toti in

---

8) Justin. XXIII. 4: *Eidem in ludo inter aequales discenti lupus* tabulam *in turba puerorum repente conspectus eripuit.* Anthol. Lat. T. I, p. 265 Meyeri: *Projectis pueri* tabulis *Floralia ludunt.* Plin. Hist. Nat. XXXIV. 8. 59: *Fecit et Libys puerum tenentem* tabellam *eodem loco* etc.

9) Verba sunt Forcellini in Lexico T. II, p. 684, eumque sequuntur Heindorfius, Schmidius, Obbarius, uno ore explicantes: *Kapseln mit Rechensteinen oder Rechenpfennigen*, neque aliter Böttigerus *Abbildung einer antiken Rechentafel* (Dresd. 1816. 8), p. 7.

rationibus subducendis viverent, puerili subsidio ad eam rem opus fuisset [10]); immo loculis ipsa aera condi solita esse et alii loci testantur et imprimis Juvenal. I, 89:

— *neque enim* loculis *comitantibus itur*.

Ad casum tabulae, posita sed luditur arca,

unde luce clarius apparet, nec loculorum esse cur alium usum statuamus, nisi ad servandam pecuniam quam praesentem secum ferrent, nec tabulam video cur *abacum* potius intelligamus, cui calculi ad computationes faciendas imponerentur, quam *ceratam*, quae acceptorum et expensorum rationes vel creditorum debitorumque nomina contineret, quaque nihil aptius ad ipsos illos Januorum insidiatores significandos inveniri posset. Sic, si exemplis opus est in re notissima, Plautus in Trucul. I. 1. 52:

Quos quidem quam ad rem dicam in argentariis

Referre habere nisi pro tabulis *nescio,*

Ubi aera perscribantur usuraria;

Cicero in Top. c. 4: *Multum enim differt in arcane positum sit* *argentum an in* tabulis *debeatur;* Sueton. V. Octav. c. 32: Tabulas *veterum aerarii debitorum excussit;* utque infaustam *tabularum* *novarum* memoriam omittamus, *tabularii* dicti sunt *calculatores,*

---

10) Hos enim digitis computasse verisimile est, ut est apud Ovidium ex Ponto II. 18:
   At reditus jam quisque suos amat et sibi quid sit
   Utile sollicitis computat articulis,
et apud Cicer. ad Attic. V. 21, 18: *hoc quid intersit, si tuos digitos novi, certe habes subductum;* plura dabunt Wower. de Polymath. c. 7, p. 58 sqq. et Kopp, ad Martian. Capell. p. 142.

ἀριθμηταὶ, unde Seneca Epist. 88, p. 385 Gronov.: *Numerare docet me arithmetica et avaritiae commodare digitos? potius doceat nihil ad rem pertinere istas computationes, non esse feliciorem, cujus patrimonium* tabularios *lassat* etc.; de loculis autem ut exempla inveniamus ne extra Horatii quidem carminum fines exspatiari opus est, qui sive: *decies centena dedisses*, inquit,

> *Huic parco paucis contento, quinque diebus*
>
> *Nil erat in* loculis (Sat. I. 3. 17),

sive *heredem* finxit, qui

> *Jam circum* loculos *et claves laetus ovansque*
>
> *Curreret* (Sat. II. 3. 146),

utrobique profecto non minus quam Epist. II. 1. 175 numorum non calculorum conditoria in mente habuit; quod si quivis concedet, si uno illo Epistolarum loco hic versus legeretur, neminem de puerilis disciplinae supellectile cogitaturum fuisse, quidcunque difficultatum illi loco objectum est, in Satiram potius transibit, ubi jure nostro quaerere poterimus, quid tandem municipum Venusinorum pueris cum foenoris instrumentis rei fuerit, quae nec loco illi neque aetati convenire videantur? At hoc ipsum est quod et Wissius et Schmidius et quicunque praeterea recentiori aetate hunc locum tractaverunt, quamvis diversa via ex verbis *octonis referentes idibus aera* eruere conati sunt, quae quum vidissent veteres grammaticos per hypallagen ita explicare, ut *octonae idus* pro *octonis assibus* dictae essent, quos pueri *singulis idibus pro mercede scholastica* retulissent (Schol. Cruqu.); simul cum hoc ridiculo errore, ut fieri solet, totam illorum

2

auctoritatem repudiarunt in eamque se sententiam converterunt, ut
Flavium arbitrarentur discipulis suis usuras computandas proposuisse,
quas aut *in scholam*, ut Heindorfio placuit, aut *in tabulas accepto-*
rum, ut Wissio, referrent, *octonas* autem *idus* vel ita interpretaban-
tur, ut inter nonas et idus octo dies intercedere dicerent, vel, ut
Schmidius, octonorum mensium usuras computatas esse suspicarentur,
quae idibus solvi debuissent, eoque pacto omnia ad ipsius foeneratoriae artis exercitationes converterunt, quibus ludimagistrum illum
teneros puerorum animos imbuisse sibi persuaderent. Nec Lambini
sententia ab hoc genere aliena est, qui quum omnes ante se inve-
nisset *haec verba accipere de mercede, quae daretur Flavio*, primus omnium, ut videtur, *de pecunia antea collocata et in foenore*
posita, nunc exacta intelligenda censuit, utque concedamus Wissio,
saltum fore in sententiarum nexu, si pueri cogitarentur a ludo
redeuntes usuras a debitoribus exactas ad patres perferre, illud
tamen, si recte modo disputavimus, vix objici poterit, quod idem
opposuit, *accommodatius futurum fuisse si loculos tabulasque, qui-*
bus onerati ad Flavium ivissent, prius deposuissent, si quidem
his ipsis ad computanda asservandaque aera opus erat, et si hoc
tantum significare voluit Horatius, *aliis patribus non id esse curae,*
ut filii sui bonis et honestis artibus erudirentur, sed ut quaestuo-
sis et sordidis, parum opinor intererat, utrum patres filios ante
omnia calculis subducendis instituere an eorum opera, dum etiam in
scholas itarent, ad sordidam pecuniae exactionem abuti diceret;
quod si recte et ordine procedere volumus, non in eo consistendum

erit, ut inter Heindorfii et Lambini sententias judicium feramus aut
de eo disputemus, utrum *idibus* pro dativo an ablativo casu haben-
dum sit, sed et de totius interpretationis fundamento et de veteris
illius testimonii probabilitate accuratius quaeremus, ipsum denique
Horatii in his verbis scribendis consilium ex universo sententiae tenore diligenter eruemus, ne si de quaestu faciendo et rei pecuniariae disciplina ne cogitasse quidem inveniatur, aut antecedentis versus fidem prava sequentis explicatione tueamur aut ipsius auctoritate
ad sequentem perperam intelligendum abutamur. Unum illud, antequam hanc disputationem aggrediamur, vel solis externis argumen-
tis decerni posse videtur, num omnino verisimile sit Horatium ter-
sissimum poëtam ea vel negligentia vel ingenii inopia fuisse, ut eundem versum, qui vel uno loco ornamenti potius speciem prae se
ferat, bis usurparit; quod licet a recentissimis editoribus et ipsius
et aliorum poëtarum exemplis acerrime vindicatum sit, tamen de his
quoque eandem quaestionem moveri posse apparet, utque concedam
esse inter ea, quorum auctoritas extra omnem dubitationem posita
sit, in alteram quaestionem incidimus, num eaedem causae, quae illis excusandis sufficiant, in nostrum locum cadant tantoque majore
in hac re dijudicanda cautione opus est, quo clarius viros doctos
hoc ipso in genere diversissima inter se miscuisse videmus. Sic, ut
hoc utamur, quis credat Obbarium inter eos locos, ubi Horatius versus suos repetere non dubitarit, etiam Sat. I. 4. 92 retulisse, ubi
priorem Satiram respiciens data opera se excusat, quod I. 2. 27
dixerit:

2

Pastillos Rufillus olet, Gorgonius hircum,

neque illud ad simplicem repetitionem referri potest, quod in Odar. IV. 1. 5 eundem versum posuit, quo olim in Odar. I, 19. 1 usus fuerat:

Mater saeva Cupidinum,

in quo magnum acumen contineri consultoque versum repeti ad similitudinem conditionis declarandam et alii et nuper etiam Orellius recte intellexerunt; Virgilii autem locos, qui ad Homeri imitationem iterati sunt[11]), non magis cum nostro poëta comparari licet, quam Weiskio concedendum erat, ut Demosthenis orationum spuriarum repetitiones Homeri exemplo tueretur, cujus epicam ille gravitatem simplicitatemque imitatus locos olim a se expositos, quum in simile argumentum deferretur, vel servatis iisdem verbis vel paucis mutatis retractarit[12]); atque etiamsi Euripidi, Theocrito, Catullo concedamus, de quo ipso etiam nunc ambigi inter viros doctos videmus[13]), ut si quid a se dictum ipsis probaretur, eodem bis terve in eodem opere

---

11) Cf. Jahn ad Virgil. Georg. II. 129 et Aeneid. III. 48, et Weichertum ad Valer. Flacc. Argonaut. l. VIII (Misn. 1818. 8) p. 69.

12) In vindiciis orationis de Halonese, quae prodierunt Lubbenae 1808, et repetitae sunt in Schaeferi Appar. crit. et exeg. T. I, p. 437 sqq. Weiskii verba sua fecit Chr. G. Gersdorfius in synopsi repetitorum Demosthenis locorum, Altenb. 1833. 4, p. 2, ubi Isocratis quoque et Ciceronis exempla in auxilium vocavit; sed de Demosthene certo multo sanius existimaverat jam A. G. Beckerus in libro Demosthenes als Staatsmann und Redner (Halis 1815. 8) p. 386, ejusque vestigia secutus Westermannus in Quaestt. Demosthen. Part. III (Lips. 1834. 8) p. 185 extra omnem dubitationem posuit, in Demosthenis orationibus, quae quidem genuinae sint, perpaucas tantum, quales vulgo accipiantur, repetitiones inveniri.

13) Cf. v. c. Seebod. et Jahn. Nov. Ann. 1837; T. XIX, p. 289.

14) Verba sunt Wüstemanni ad Theocrit. I. 13.

usi sint [14]), Horatium tamen vix arbitror tam stolidum sui admiratorem
fuisse, ut sine causa et consilio aliquem versum eam tantum ob rem
quia sibi bene successisse videretur, bis usurpare, quam novum, qui
eandem praestantiam haberet, ex felicissimi ingenii fontibus eruere
praeoptaret. Nempe alia conditio est ejus qui populo scribit, ut
semel praesentibus auditoribus placeat, alia ejus qui exactissimi tantum
judicii virorum assensum ferre cupit [15]), neque aut bucolici carminis
simplicem venustatem aut gratam hendecasyllaborum negligentiam
in hoc Satirarum et Epistolarum genus cadere arbitror, quod quo
propius ad sermonem accedere vult [16]), eo magis sibi a lusu et mo-
mentariae voluptatis specie cavere debet; quod si vel illorum libris
permulta grammaticorum aut histrionum malam sedulitatem alienis
locis intrusisse constat [17]), in Horatii carminibus, quae quantam a
sciolorum imitationibus labem acceperint, recenti virorum doctorum

---

15) Sat. I. 10. 76: *Nam satis est equitem mihi plaudere . . . . Plotius et Varius,
Maecenas Virgiliusque, Valgius et probet haec Octavius optimus atque Fuscus* etc.; cf.
Sat. I, 4. 24.

16) Sat. I. 4. 42: *Nec si quis scribet uti nos sermoni propiora; Epistol.* II. 1. 250: *nec
sermones ego mallem repentes per humum quam res componere gestas;* cf. Casaub. de poësi
Satir. p. 170 sqq. ed. Ramb., Morgenstern de Satir. atque Epist. Horat. discr. (Lips. 1801
4) p. 6 sq.; Ast de Platonis Phaedro (Jenae 1801. 8) p. 44 sqq.; Heinrich Explan.
Horatian., prooem. (Kiliae 1008. 4) p. 9 sq.; Weichert de Q. Horat. Fl. Epistolis prolus. I
(Grimmae 1826. 4) p. 5 etc.

17) De Euripide cf. Piersoni Verisimilia p. 57 sqq., Valkenar. ad Phoeniss. p. 438, Ber-
ger. de Medea Euripidis ab histrionibus interpolata (Marburgi 1830, 8) p. 44 sq. inque primis
Hartungii disput. ante edit. Iphigeniae Aulidensis (Erlangae 1837, 8) p. 11 sqq. De
Theocrito Valken. Opusc. T. I, p. 343 et Weichert. ad C. Valer. Fl. Argon. l. VIII,
p. 69 etc.

cura satis apparuit[18]), mirum profecto foret, si ea, quae sine proba-
bili causa bis repetita leguntur, ad ipsius potius poëtae oscitantiam
vel levitatem quam ad interpretum delicias dicam an fraudes referre
per sententiarum convenientiam et internum aliquem nexum cogeremur.
Sed hoc ipsum est, quod modo dixi eandem quaestionem, quae in
nostro loco dubitationem faciat, etiam de reliquis locis moveri posse
ubi non consulto facta repetitio exstet, utque illa quae nunc tractamus
etiam omisso v. 72 sine sententiae detrimento continuari possunt:

> *Noluit in Flavi ludum me mittere, magni*
>
> *Quo pueri magnis e centurionibus orti*
>
> *Ibant octonis referentes idibus aera,*

sic nec in Sat. I, 2. 14 verbis:

> *Quinas hic capiti mercedes exsecat atque*
>
> *Quanto perditior quis est tanto acrius urget,*

necesse est ex Arte Poet. v. 421 praemittamus:

> *Dives agris dives positis in foenore numis,*

nec versum, qui in Sat. II, 3. 163 locum suum recte tuetur:

> *Quod latus aut renes morbo tentantur acuto,*

alteri loco Epist. I, 6. 28 ita convenire censeo, ut si abesset, ad
sententiae integritatem aliquid desideraturi essemus; unde quum su-

---

18) Pinzger de versibus spuriis et male suspectis in Juvenalis Satiris (Vratisl. 1827. 4)
p. 3: *De Horatio, cujus hexametri potissimum additamentis deformati sunt, omnibus notae sunt
Eichstadii aliorumque de versibus nonnullis suppositis disputationes.* Cf. Eichstad. progr.
Jen. 1819, Naeke in procem. lectt. Bonn. 1821, Buttmanni Mythol. T. II, p. 364—370 etc.
ut omittam Peerlkampium, quem etsi de singulis haud contemnendum auctorem, tamen
ne universa ejus commenta probare videar, tacere praestat.

spicionem certé oriri consentaneum sit, ne ea, quae in uno tantum ex
duobus loco adeo cum reliquis coaluerint, ut salvo sensu inde divelli
nequeant, in altero, ubi inveniantur, a correctore quodam callido potius quam ab ipso poëta praeter rationem et necessitatem addita sint,
haec exempla, quibus Heindorfius, Schmidius, Obbarius ad excusandam
v. 74 iterationem usi sunt, paulo accuratius persequemur, ut, si fieri
possit, eorum auctoritate sublata in nostro quoque loco duarum tantum viarum optio remaneat, ut aut insiticium pannum ejiciamus, aut
causam aliquam indagemus, quapropter verba, quae in Epistola
demum recte usurpari videntur, jam in Satira posita indeque post
tot annorum intervallum in Epistolam translata esse censeamus.
Et in Epist. I, 6 equidem vix dubito quin verba:

Si latus aut renes morbo tentantur acuto

ab eo qui primus ea inserserit cum antecedentibus juncta fuerint:

Ire tamen restat Numa quo devenit et Ancus,

quo facto sequentia *quaere fugam morbi* eum sensum habere vide-
bantur, ut homo juberetur virtutem quaerere, qua sola omnes mor-
borum casus et vitae humanae fragilitatem superare posset; quod quam
languidum et coactum sit, vix pluribus exponere attinet; nec tamen alteræ
illa ratio, quam recentiores amplexi sunt, ut ipsam sequentium protasin
in illis verbis contineri censerent, vel ei satisfacere posse videtur, qui
locum per se solum spectet, nedum ei qui versum alibi potius quam
hic quasi domicilium suum habere sciat, ut omittam eam sententiam,
quam illic prae se ferat, ab hoc loco prorsus alienam esse, quod
si fiat, ne Obbarius quidem repetitionem recte fieri posse conces-

sit [19]). Illic enim Horatius, ut moneat, ne homo, si uno vitio ca-
reat, statim omnibus se liberum existimet, eum quoque ait, qui non
cardiacus sit, tamen aegrum esse posse, si latere vel renibus labo-
ret; nunc autem lateris aut renum morbus nulli alii oppositus par-
tem tantum pro toto nobis proponeret, quae licet figura poëtam quam
maxime deceat, eundem tamen versum, nisi summa ignavia operae compendium facere vellet, iterare non poterat quin idem vel simile oppositum
haberet; neu vel Horatium dormitare quandoque potuisse arguamus,
animadvertendum est ne sententiam quidem cum sequentibus recte
convenire; quae quum vitiorum tantum et insipientiae fugam virtute petendam suadeant, absonum foret hominem eadem opera etiam
ejus morbi fugam quaerere juberi, qui in latere renibusve sedem
haberet, nec comparationem video in imperativo, nisi quis cum Prae-
dicovio [20]) *quaero* pro *quaere* scripserit, quod tamen et ipsum in-
eptum foret Horatium exemplis a se petitis alterum docere. Nihil
igitur, quantum equidem sentio, reliquum est, nisi ut versum ex Satirae loco in Epistolam male intrusum censeamus, nec melior causa
est alterius, nisi quod hic etiam magis mirum est, quomodo poëta
eundem versum primo quidem in Satira satis jejune et frigide prae-

---

19) In edit. singulari a. 1822 p. 52: *Wenn dagegen Haberfeld zur Rettung des Verses
sagt, dass er gut in den Context passe und in den Satiren und Episteln ältere Beispiele
gefunden werden, wo der Dichter sich wörtlich wiederholt, so scheint er nicht bedacht zu
haben, dass dergleichen Wiederholungen auch immer denselben Gedanken wiedergeben.*

20) Q. H. F. opera, qualia restituit . . . Jo. Chr. Godofr. Praedicow. Witten-
berg. 1806. 8.

ter necessarium sententiae nexum interponere et tot demum annis
post in Epistola ad Pisones in eam locum transferre potuerit, cui
unico convenire videatur; hic enim, ubi dicit:

> *Ut praeco ad merces turbam qui cogit emendos,*

> *Assentatores jubet ad lucrum ire poëta,*

imperfecta sententia esset, nisi ille versus accederet, unde appareret,
non in omnem poëtam, sed in *divitem* tantum hoc cadere,

> — *unctum qui ponere possit*

> *Et spondere levi pro paupere —*

in Satirae autem loco ad descriptionem hominis, qui prodigentiae
speciem metuens in avaritiam et sordes incumbit, non modo non
necessarium est, ut hunc divitem esse adjiciatur, sed omnino non
apparet, cur aut agrorum divitiae in foeneratore commemorentur,
aut jam dives dicatur positis in foenore numis, quem in sequentibus demum audiamus, ne vappa aut nebulo videatur, quinas capiti
mercedes exsecare et tironum sub patribus duris nomina sectari.
Atqui hi omnes loci sunt, in quibus Horatium suos ipsum versus
iterare annotatum est; quorum quum duos jam superius a nostri
loci comparatione prorsus alienos esse ostenderim, duorum autem
auctoritatem etiam magis quam nostri incertam esse appareat, illud
certe constabit, ex versu 74 ad reliqui loci sensum nihil colligi li-
cere, sed ex hoc demum etiam de illo ita judicium fieri posse, ut
si sententia, quam ei inesse superius vidimus, universo poëtae consilio respondeat, nec minor ejus convenientia cum reliquis Satirae
verbis quam cum Epistola inveniatur, suo quodam jure tutus ma-

3

neat, sin nullum praeterea rei foeneratoriae vestigium in Satiras verbis exstat, repetitorum versuum exemplis neutiquam a gravissima
suspicione vindicetur, totamque quaestionem illuc, unde profecta est,
redire, ut totius loci sententia accuratius examinata exegetitam prius
difficultatem, quam diximus, solvamus eaque expedita decernamus,
num causa adsit, quae verisimile reddat Horatium jam antequam illum versum in Epistolae loco poneret, eundem in Satira usurpasse
et illic repetiisse potius quam novum invenisse; nisi enim bis poni
potuerit, nostro loco tollendum fore satis demonstratum esse opinor.

    Horatius igitur, ut opprobriis occurrat, quae obtrectatores sui
a paterna ipsius conditione repetebant, tantum abesse ait, ut se patris sui quippe libertini pudeat, ut hujus beneficio quidquid in se
laude dignum videatur acceptum referat: si neque avaritiam neque
sordes aut mala lustra quisquam sibi merito objiciat, si purus et
insons amicisque carusque vivat, horum omnium causam fuisse patrem, qui quamvis tenui fortuna uteretur, sumtibus non pepercerit
sed puerum ausus sit Romam portare omnibus iis artibus instituendum, quae ad ingenuam eruditionem et summa quaeque in republica
adspiranda pertinerent, ipse denique sibi custos incorruptissimus
circum omnes doctores adfuerit eoque facto pudicum ab omni non
solum facinore verum opprobrio quoque turpi servaverit; haec
autem omnia cum eo quem nunc tractamus loco ita conjungit, ut
si in Flavii ludum missus esset, contrarium evenire potuisse significet, quod si hujus ludi naturam existimare volumus, non ex universa
Romanorum disciplina scholastica, sed ex eorum oppositione judi

eandam eat, quae se urbanae potissimum disciplinae debere
profitetur. Atque in his haud scio an primo loco habenda s
dicitia, quae nisi magnis periculis obnoxia fuisset in illo Flavii
profecto non tanta cum vi identidem jactasset:

— *purus et insons,*

Ut me collaudem, si et vivo carus amicis —

et: *quid multa? pudicum,*

Qui primus virtutis honos, servavit etc.

neque mirum videbitur inter pueros, qui *de gente hircosa centuri-
num* [21] prognati fuerint, non magnam castitatis et pudoris cura
fuisse; nam etiam si *hircosorum* nomen ad neglectum potius corporis cultum et immunditias [22], quae illi hominum generi identidem
objiciuntur [23], quam ad ipsam libidinem et obscaenitatem referamus,
eandem illam incultam et horridam speciem hirsutaque membra ab
antiquis in turpium amorum suspicionem versa esse constat [24], ipsum-

---

[21] Pers. Sat. III, 77.

[22] Cf. Wower. ad. Petron. Sat. c. 128 et Mitscherlich ad Horat. Epod. 12. 5.

[23] Quintilian. XI, 2. 138: *ita cingatur ut tunicae prioribus oris infra genua paulum,
posterioribus ad medios poplites usque proveniant; nam infra mulierum est, supra* centurionum;
quae quam prope hircum attingant, apparet ex Horat. Sat. I, 2. 25:
    Malthinus tunicis demissis ambulat; est qui
    Inguen ad obscaenum subductis usque facetus;
    Pastillos Rufillus olet, Gorgonius hircum.
Adde caput intactum buxo nares que pilosas apud Juvenal. Sat. XIV. 194, quae quin idem
hominum genus spectent, vix dubitari poterit, *rigidosque centuriones* apud Martialem XI. 3;
et cf. Casaub. ad Theophr. Char. 19, p. 200 ed. Fisch.

[24] Aristoph. Nubb. v. 348: μηδ' ἦν μὲν ἴδωσι κομήτην
    Ἄγριόν τινα τῶν λασίων τούτων οἷόνπερ τὸν Ξενοφάντα,
    Ἐπίστευσαι τὴν μανίαν αὐτοῦ Κενταύροις ἤεισαν αὐταῖς·

3 *

que *magni* vocabulum licet primo adspectu fortitudinem tantum ex-
terno quoque habitu conspicuam declarare videatur[25]), tamen in hae
sententia nescio quomodo eam significationem in memoriam revocat,
qua Plautus *fortem* interdum eum appellat qui rei Veneriae aptus
sit[26]), quapropter nullus dubito, quin inter eas causas, quae Horatii
patrem moverunt, ut filium Romam transportaret, ea quoque fuerit,
ne illorum puerorum sodalitio corrumperetur turpesque mores pro
liberalibus assumeret. Altera vero fuit, ut disceret

> *Artes quas doceat quivis equus atque senator*
> *Semet prognatos,*

hoc est liberales sive eam quam Graeci ἐγκύκλιον παιδείαν appella-
bant[27]), qua non solum id consequeretur ut municipes suos, qui in-

---

ubi scholiasta: ἀγρίοις, inquit, ἐκάλουν τοὺς τὰς ἀπηγορευμένας πράξεις ποιοῦντες, τοὺς παιδε-
ραστὰς, pluraque dabit Wyttenbach. ad Plat. Phaedon. p. 207, neque Centaurorum comparationem a libidinis opprobrio alienam esse comprobat Aelian. V. Hist. XIII. 1, ubi
appellantur ἐρασταὶ θρασεῖς καὶ κωμασταὶ βαρύτατοι: omnium autem maxime huc pertinent
Laconistae apud Athenienses, quos corporis cultum et elegantiam data opera neglexisse
immanesque et sordidos habitus affectasse Aristophanes testatur Av. 1282:

> ἐλακωνομάνουν ἅπαντες ἄνθρωποι τότε
> ἐκόμων ἐπείνων ἐῤῥύπων ἐσωκράτουν,

eandemque turpibus puerorum amoribus infames fuisse Hesychii glossa prodit T. II, p. 390:
τὸ τοῖς παιδικοῖς χρῆσθαι λακωνίζειν ἔλεγον: cf. Meurs. Misc. Lacon. III. 2, p. 204 inque
universum de hac natione Wachsmuth. Hellen. Alterthumsk. T I, P. 2, p. 277 et Weberi
comm. de Laconiatis inter Athenienses, Vinariae 1825. 4, p. 11 sqq., unde vel vestium
brevitate illos cum centurionibus comparari posse intelligimus.

25) Ut *Vulfenius ingens* apud Pers. V. 190.

26) Cf. Mil IV, 8. 18, Bacchid. II, 2.38, inque primis Pers. V. 2. 65: *hiccine Dorda-
lus est leno qui quondam liberas virgines — hiccine est qui fuit quondam fortis?*

27) Cf. Quinctil. I. 10 cum I. H. Mäckii disp. *de doctrinae orbe, quam veteres,* nomi-
natim *Quinctilianus, commendant,* Grimae 1790, 4, pluraeque apud Wower. de Polym. c. 21,

ter disciplinarum elementa consisterent, longe superaret, sed etiam idoneus fieret qui in doctissimorum hominum principumque reipublicae societatem et amicitiam reciperetur neque aliter cum his viveret ac si eodem cum ipsis loco et ordine natus esset; quod si recte Ovidius dixit (ex Ponto II, 9. 48):

— *ingenuas didicisse fideliter artes*

Emollit mores nec sinit esse feros,

quaecunque praeterea se patri suo debere Horatius praedicat, jure hinc repetemus, quod animum suum ad altiora petenda evexerit neque vulgaribus hominum curis plebejorumque studiorum stupori adhaerere passus sit, quae quanto fastidio artes illas prosequi solita sint, ipsorum centurionum exemplo gravissime Persius ostendit[28]). At, inquiunt, nonne singularem sibi locum poscunt avaritia sordesque, quibus quum pater Horatius videret teneros puerorum animos in Flavii calculatoris ludo imbui, hac quasi tertia causa motus est, ut puerum Romam in liberaliorem disciplinam transferret, idque ipsum est, quapropter pueros illos cum tabula et loculis in Flavii ludum

---

Fabric. ad Sext. Empir. adv. Mathem. I, 7, et Astii *Grundriss der Philologie*, Landsh. 1808. 8, p. 20 sqq. Has autem Romae se didicisse etiam in Epist. II, 2. 42 significat:

  Romae nutriri mihi contigit atque doceri,
  Iratus Grajis quantum nocuisset Achilles;
  Adjecere bonae paulo plus artis Athenae etc.

cf. C. Passow *über den Q. H. Fl. Leben und Zeitalter* in edit. Epistt. Lips. 1833 8, p. VII.

  28) Sat. V. 189: *Diseris haec inter varicosos centuriones,*
    Continuo crassum ridet Vulfenius ingens
    Et centum Graecos curto centusse licetur;
adde III, 78—87.

itasse dicit, ut ostendat, quid patrem, hominem minime tenacem,
ab illa opportunitate usurpanda deterruerit potius quam ad centurionum exempla imitanda compulerit? Audio, nec nego municipalis illius
scholae jam tum longe meliorem conditionem fuisse quam Atticarum
fuit tempore Platonis, qui sua certe aetate calculatoriam artem quam
maxime negligi non sino, invidiosa quadam Aegyptiorum laude que-
ritur [29]); immo facile patior Venusinorum scholam, qualem Horatius
vidit, non deteriori conditione fuisse quam illam in Apennino in
Villa Martis, ubi duobus saeculis post Helvius Pertinax, et ipse libertino patre natus, literis elementariis et calculo imbutus esse dicitur [30]); sed hanc causam esse potuisse, cur Horatii pater filium
suum illum ludum frequentare nollet, id vero nego atque pernego,
neque omnino intelligo, quomodo aut avaritiae insignis locus vindi-
cari possit inter ea vitia, quae se Romam transmigrando poëta evi-
tasse gloriatur, aut municipum pueros verisimile sit plura in arte
calculatoria didicisse longiusque ab illo suo Flavio provectos esse,
quam Horatium ipsum, dum urbanis magistris uteretur, accepisse
verisimile sit. Quid enim? nonne *Romani pueri* sunt, quos Horatius
ait (A. P. v. 325)

> — *longis rationibus assem*
> *Discunt in partes centum diducere?*

---

29) Legg. VII, p. 819 sqq., cf. Republ. VII, p. 536 d.
30) Cf. Jul. Capitol. Pertinax c. 1.

sperariqub poterat extra avaritiae vim positum iri puerum, si in eam
urbem transferretur, in qua ipsa juvenes senesque

Laevo suspensi loculos tabulamque lacerto

pecuniam primam quaerendam, virtutem nummis posthabendam cla-
mitarent? denique si maxime loculi illi cum tabula ad supellectilem
scholasticam pertinebant, ut etiam qui nuper de scholastica Romanorum institutione scripsit, pro certo affirmavit[31]), censemusne ur-
banorum ludorum discipulos iis carere potuisse, aut Horatium, ne in
avaritiam sordesve incideret, protinus ab omni calculorum subdu-
cendorum contagione abstinuisse? Nimirum hoc ridiculum fore
quivis intelliget, neque profecto alia causa apparet, cur se Romam
translatum avaritiam aufugisse dicat, nisi quia ibi praeter ea, quae
vulgus hominum summa putet, alia acceperit, prae quibus illa con-
temnere didicerit, quam Venusiae quamvis adulti pueri in primis literarum elementis haererent dignique patribus suis filii, quod satis
esset, sapere sibi viderentur, si vilem Flavii ludum frequentassent;
calculatoriam autem cur his prae aliis artem exprobarit, eo minus
causae video, quo magis etiam nunc dubitari potest, num omnino
hujus apud illud hominum genus, cui centuriones annumerari
oportet, tanta auctoritas fuerit, ut ejus potissimum discendae causa
filios suos Flavii ludo traderent, tantumque abest ut quae hi *octonis
idibus retulisse* dicuntur *aera* ad rationum subducendarum exercitatio-

---

31) L. Roeder de scholastica Romanorum institutione, Bonnae 1828. 4, p. 18: *in horum
verborum explicatione Heindorfio plane assentiendum esse nemo non videt!!*

nes referam, ut etiam v. 74 vel omissis quos superius attulimus ar-
gumentis criticis jam ipsi interpreti difficultates movere videatur.
Nam si illud recte intellexit Passovius [32]), de quo mihi quidem vix
dubitari posse videtur, non diversam esse centurionum nationem,
qualem Horatius ante oculos habuisse videtur, ab ejus hominis ingenio, quem Persius describit in Sat. I, 131:

    Qui abaco numeros et secto in pulvere metas
    Scit risisse vafer, multum gaudere paratus,
    Si Cynico barbam petulans nonaria vellat,

parum opinor credibile est hos filios suos in eosdem ludos misisse,
in quibus abaco numerare discerent, ipsiusque *tabulae* nomine,
quam centurionum pueri gestasse dicantur, eundem *abacum* intelligi,
quem ipsorum patres scilicet riderent et tanquam peregrinum inven-
tum despicerent [33]); ac licet auctoritatem illius versus hac re non-
dum convelli concedam, illud certe etiam hinc apparebit, vulgarem
ejus interpretationem, qua tabula loculique in Flavii ludo *characteribus*
arithmeticis notandis et calculis ordinandis inserviisse feruntur,
non magis municipum Venusinorum ingeniis quam sermonis usui convenire. Sed de hoc versu posterius videbimus; nunc illud primum

---

32) Ad Persii Sat. p. 361; cf. et F. C. R. Ritteri Spec. annotationum in Persii Satiram primam, Marb. 1833. 8, p. 37, quanquam is Horatii locum ex vulgari sententia
interpretatur.

33) Cf. Grotefend. in Ersch. et Gruber. Encyklop. T. I, p. 53, unde facile apparebit,
hoc quoque instrumentum inter ea fuisse, quae *cum pipere et palmis* urbi venisse corrector
Bestius Pers. VI. 39) jactare posset!

quaerendum est num fieri possit, ut, postquam demonstratum est nihil causae obtinere, quapropter calculorum subductorum mentionem aliquam in hoc loco fieri statuamus, veterem scholiastae explicationem, qua aera octonis idibus relata pro mercede ludimagistro numerata habere jubemur, recentibus illis commentis posthabeamus, quae usurarum aut exactarum aut in scholis computatarum inque tabulas relatarum vestigia in his verbis contineri volunt: quibus etsi aliquid patrocinii inde peti potest, quod idibus pecunias foenore positas exigi usurasque pendi solitas esse aliunde constat [34]), illud tamen facile apparet, eodem jure, quo usuras etiam mercedum nomine appellari videmus [35]), etiam mercedum referendarum easdem dies quas usurarum esse potuisse, quumque illud profecto negari nequeat, *referendi* verbum, si scholiastae sententiam sequamur, multo faciliorem intellectum habere quam si cum editoribus nostris aut *in tabulas* aut quidcunque extrinsecus ad complementum notitiae asciseamus, nisi magna et certa argumenta contra illam allata fuerint, perspicuitate certe et simplicitate omnes quotquot praeterea opiniones

---

34) Cic. Catil. 1. 6: *Praetermitto ruinas fortunarum tuarum, quas omnes impendere tibi proximis idibus senties*; ubi Manutius comparat ejusd. Philipp. II. 37: *Tu autem quadringenties H S, quod idibus Martiis debuisti, quonam modo ante kalendas Apriles debere desiisti?* Adde Epist. ad Attic. XIV, 22: *jam vel sibi habeat numos, modo numeret idibus*; et ipsius Horatii locum notissimum de Alphio foeneratore Epod. II, 69:

> *Omnem redegit idibus pecuniam,*
> *Quaerit kalendis ponere.*

35) Horat. Satir. 1. 2, 14: *Quinas hic capiti mercedes exsecat*; et I. 3. 88: *Mercedem aut numos unde unde extricat* etc.

exstiterunt longissime superabit. *Referre* enim, ut alias quoque ei quod graece dicitur ἀποφέρειν respondet, sic eam cum hoc verbo significationem communem habet, qua ex notissimo praepositionis ἀπὸ usu de re debita usurpatur, quam ad eam cui debeatur perferamus[36]); quam in sententiam insigne est Senecae dictum, quo notissimam formulam *gratiam alicui referre* illustrat, in Epist. LXXXI, p. 325: *referre est ultro quod debeas afferre,* neque aut illud alienum est quod apud Ciceronem legimus de Finib. II, 19: *quem* scil. *consulatum quum ad patrem tuum retulisses,* aut quod apud Ovidium Metamorph. II, 286:

> *Hosne mihi fructus, hunc fertilitatis honorem*
> *Officiique refers?*

quod si haec vocabuli vis egregie convenit pueris mercedem disciplinae quasi beneficii accepti ad magistrum perferentibus, neque in reliquis verbis quidquam invenitur, quod impediat, quominus salvis linguae legibus totum versum ad minerval ludimagistro certis idibus·pendendum referamus, exspectari certe poterat, adversarios hujus opinionis ex ipso sententiae tenore gravissimas causas attulisse, cur aliam potius sibi amplectendam censuerint. Hac tamen in re dici non potest quantopere spem nostram brevitas ipsorum fallat; quorum princeps Lambinus: *omnes fere*, inquit, *haec verba accipiunt de mercede quae daretur Flavio numerandi magistro, ego autem putabam intelligenda de pecunia in foenore occupata,* ut ne intel-

---

36, Budaei Comm. L. Gr. p. 170 et Hemsterh. Anecdd. ed. Geel p. 49.

ligamus quidem quae defendi ab eo velit, qui antiquae interpretationis patrocinium suscipere cupiat, eodemque jure regerere possimus:
Lambinus haec verba intelligit de pecunia in foenore collocata,
nos autem ea ad mercedem magistro numeratam referenda puta-
mus; neque Heindorfius, dum inutilem et incommodam fore miner-
valis ipsius et temporis quo relatum sit mentionem fore exclamat,
cur ita censeat pluribus enarrat, Wissius denique tantum abest ut
priusquam ad suam sententiam explicandam transiret, antiquam labe-
fecerit, ut de una tantum ejus parte, cui nos certe minimum tribui-
mus, sibi non admodum constare declararit: *sicut arithmetica, ad*
quam disciplina maxime pertinebat, ita didactro quovis mense
solvendo illiberalior humiliorque ludus multis videtur indicari —
hoc tamen minus certum habeatur, quia utrum minerval quovis
mense an semestri fortasse demum elapso solveretur, non admodum
in calculum venit; quae quum ita sint, si aliquid tantum causae
invenerimus, cur poëta didactri meminisse videatur, quaecunque Acronis interpretationi objici possunt, evanescent; nam quod menstruis
pensionibus numeratum dicit, modo reliqua recte conveniant, non
video cur in more positum fuisse negemus. Illud vero, quantum
equidem sentio, nullo negotio ex ipsis Horatii verbis repetitur, qui
hoc potissimum in patre suo praedicat, quod *macro pauper agello*
noluerit se in Flavii ludum mittere, unde luce clarius apparet illum,
si minus liberali ingenio fuisset, facile mercedis exiguitate moveri
potuisse, ut filium suum in eum ludum mittere satageret, ubi vel
centuriones, magna in parvis municipiis nomina, pueros abunde erudiri

arbitrarentur, tantumque abest ut accuratiorem mercedis descriptionem
a poëtae consilio alienam ducam, ut hac demum addita imaginem
ab omni parte absolvi et opposita juxta se posita clarissime eminere
censeam; quae quum ex editorum sententia in eo tantum cernantur,
quod pater Horatii, filium in vilibus plebeculae artibus addiscendis
obsordescere nolens, magnis impensis Romam transportum optimis
doctoribus instituendum tradiderit, nunc demum illud acumen accipiunt, ut non solum urbanae doctrinae praestantia triviali municipalis ludi disciplinae, sed etiam pauperis libertini largitas magnorum
centurionum parsimoniae opponatur, illaque ipsa non tantum in
sumtibus Romae faciendis sed etiam in neglecta domesticae oppor-
tunitatis vilitate elucescat. Unum restat verbum *octonis*, quod etsi
nec Heindorfio aut Wissio concedere possum ad octiduum inter nonas
et idus spectare[87], tamen si ad mercedem relatum eum tantum
sensum habere posset, quem vetus interpres ei tribuit, ut per enalla-
gen *aera* pro *idibus* octona dicenda sint, et ipse illam explicationem
rejicerem et ad Schmidii potius sententiam transirem, qui exemplum

---

[87] Lambinus: *octonis idibus dicit quia iduum dies sunt octo;* Forcellinus: *octonis idibus h. e. quae octo diebus constant a nonis incipiendo;* Heindorfius: *die nächsten acht Tage nach den Nonis in jedem Monate werden schon zu den Idibus gerechnet, daher hier idus octonae;* at quis fando audivit diem quartum vel quintum *ante idus* jam ipso *iduum* nomine appellari, aut quomodo *menstruae* usurae, quod Heindorfius censet, esse potuissent, quae pro octonis singulorum mensium diebus computarentur? Nec Wissius aut Lambinum aut Horatium recte intellexisse videtur, dum: *idus*, inquit, *octonae dici, quia nonis et idibus octo dies intercedunt, notum est;* nempe *octona* sunt quae octo numero compluribus vicibus redeunt; quomodo igitur *octonus* dici unus aliquis dies potest, quia *octavo* loco ad alios septem dies accedit?

ratiocinii Flavii discipulis propositi hic exhiberi censet, ut octonarum iduum hoc est octo mensium usuras computarent [88]); praeclare igitur nobiscum actum est, quod hujus quoque vocabuli ea ratio constat, quae non modo omnes ejus difficultates tollat, sed toti nostrae disputationi quasi cumulum et confirmationem addat; feriarum dico detractionem, unde jam in limine hujus commentationis lucem huic loco petendam esse significavi, quibusque deductis si octo tantum anni mensibus scholas habitas esse apparuerit, facile intelligetur cur *octonis* potissimum *idibus* aera ad Flavium a discipulis relata esse legamus. Has autem quadrimestres fuisse ne in conjectura quidem positum est, ut ei videri possit, qui vel apud recentissimum hujus argumenti auctorem haec tantum legerit: *feriis fruebantur pueri quum messis vindemia et Saturnalia agerentur* [89]); Saturnalia certe quanquam et ipsa vacationem scholasticam habuisse constat [40]), ne opus quidem est ut in auxilium vocemus, si quidem integram aestatem ad idus usque Octobres libertatem a ludimagistrorum disciplina attulisse ex Martialis epigrammate videmus, quod quia maximi in hac quaestione momenti est, paucis tantum omissis subjeci (X, 62):

---

88) Allg. Schulz. 1829, p. 430: *Diese Behauptung lässt sich durchaus nicht erweisen, und wenn sie sich erweisen liesse, so wäre octonis ein müssiger nutzloser Zusatz. Der Dativ octonis idibus ist vielmehr von referentes abhängig: sie berechneten für 8 Idus d. i. für 8 Monate Zinsen, die an den idibus zahlbar waren.*

89) Cf. Roederum l. c. p. 21. Rectius jam Raderus ad Martialem: *Nam a Julio ad Octobrem usque scholae cessabant, uti et Saturnalibus, Minervalibus et aliis per annum feriis.*

40) Plin. Epist. VIII. 7; Martial. V, 84.

Ludi magister parce simplici turbae;
Albae leone flammeo calent luces,
Tostamque fervens Julius *coquit messem;*
Cirrata loris horridis Scythae pellis
Ferulaeque tristes, sceptra paedagogorum,
Cessent et idus *dormiant in* Octobres;
Aestate pueri si valent satis discunt;

utque concedam, quod ex hoc eodem epigrammate colligi licet, non-
nullos magistros, urbanos praesertim, lucri faciendi causa pueros
etiam aestivo tempore ad scholas frequentandas adigere studuisse,
hoc tamen praeter morem factum esse vel ideo suspicari possumus,
quia Martialis certam *iduum Octobrium* diem memorat, in qua scholas hibernas initium habuisse verisimile sit; easdem vero idibus Ju-
niis finitas esse, quanquam non claris verbis poëta dicit, tamen facile
inde sequitur, quod jam *Julium* mensem scholasticorum numero
eximit, nec Venusini ludi aliam conditionem fuisse eo probabilius
erit, quo magis municipes illos pariter ut nostros filiorum suorum
opera tempore aestivo in laboribus rusticis usos esse consentaneum
est. Sic omnia recte procedunt: octonae idus sunt eorum mensium,
qui singulis annis scholis habendis destinabantur, his autem singulos
asses, notam etiam aliunde didactri summam[41], Flavius a discipulis
suis pro mercede accepit, idque centurionibus, nedum reliquis civi-

---

41) Juvenal. X, 117: *Quisquis adhuc uno partam colit asse Mineroam;* cf. Varro de L
L. IX. 49: *pro assibus nonnumquam aes dicebant antiqui.*

bus Venusinis satis esse videbatur, quod puerorum suorum institutioni impenderent; solus Horatii pater, quamvis tenui re familiari uteretur, qua merito excusari poterat, si sumtibus in filio erudiendo parceret, fortunae jacturam facere quam mores ingeniumque pueri in illius ludi tenebris perire maluit, futuramque ejus gloriam animo praesagiens ita disciplinam ejus instituit, ut olim et doctrina et probitate summorum virorum familiaritate dignus exsisteret.

Quibus absolutis ad antecedentem versum redeundum est, quem quum jam certum videatur in sequenti non eam tutelam invenire, ut pueros in Flavii ludo quidquam tractasse appareat, quod ad rei pecuniariae studium foeneratoriamque artem pertineret, ea certe ratione, quae quum ceteris plerisque interpretibus tum nuperrime Schmidio placuit, defendi amplius non poterit, neque opinor nimiae temeritatis accusari posset, si quis eum secundum omnia, quae adhuc disputavimus, soli Epistolae loco reliquendum, nostro eliminandum censeret, quo facto illud saltem lucraremur, ut si veram et concinnam ejus interpretationem invenire non contingeret, a falsa tamen et perversa totius sententiae explicatione, quam ex Epistolae comparatione fluxisse vidimus, tuti maneremus. Nam quod scholiasta quoque Flavium *illis temporibus calculatorem* fuisse narrat, profecto non tantam vim habebit, ut illius homunculi famam etiam aliunde praeter hanc solam Horatii commemorationem ad posteros pervenisse existimemus; mihi, ut dicam quod sentio, nihil verisimilius est quam bonum Acronem, qui illorum hominum mos fuit, ex ipsius demum loci tenore aliquid collegisse quod discipulis aut lectoribus pro certa notitia venditaret, unde hoc tantum sequitur, ut versum de quo agitur jam quarto vel quinto p. Chr. saeculo [42]) ita lectum et explicatum esse cognoscamus ut nunc vulgo fiat, Horatii eam aut manum aut mentem fuisse eo minus inde fidem accipit, quo magis constat jam proximis post auream aetatem saeculis falsariorum audaciam in bonos scriptores grassatam esse [43]), tantumque abest ut, quod superius jam explosi, vel foeneratores in loculis suis calculos pro pecunia gestasse credam, ut nec pueros calculos, quibus numerare discerent, loculis conditos habuisse solo Flaviani ludi exemplo affirmare ausim. Accedit quod mirum foret in exiguo Venusiae oppido magistrum fuisse qui soli calculatoriae arti operam daret, non simul reliquarum literarum rudimenta doceret [44]; neque ipse sibi Acron constat, dum *tabulam* certe interpretatur *buxum in quo meditentur scribere*, ad Epistolae autem versum ita disserit, *consuetudinem quondam fuisse, ut juvenes philosophiae*

---

42) Hoc enim circiter tempore Acronem vixisse verisimile est, quanquam tuto judicari in tanta horum scholiorum corruptela et interpolatione nequit; cf. Suringarii Hist. scholinstarum latinorum (Lugd. Bat. 1835. 8) T. III, p 8 sqq. et Schopen. de Terentio et Donato ejus interprete (Bonnae 1821. 8) p. 39.

43) Cf. Wolf. ad Orat. pro Marcello p. XXVIII sqq. et Peerlkamp. ad Horat. p X sqq.

44) *Calculatores* ab aliis magistrorum generibus aperte distinguit Martialis X. 62. 4:
    Nec calcalator nec notarius velox
    Majore quisquam circulo coronetur.

Videntur quidem fuisse qui fortasse ex ipso nostro loco colligerent *calculatorem* etiam appellatum esse, qui pueros literas docuerit, ut Morcellus de stilo inscript. latin. (Patav. 1819. 4) p. 79; sed hunc merito refutat Furlanettus in nova edit. Thes. Forcellin. T. I, p. 365, hoc potissimum loco allato ex Edicto Diocletiani p. 22: *magistro instituto literarum in singulis pueris menstruos denarios quinquaginta*, calculatori *in singulis pueris menstruos denarios septuaginta quinque*, unde simul majorem *calculatorii* quam *literatorii* auctoritatem fuisse apparet.

operam dantes et senatores in curiam intrantes in laevo brac
ferrent tabulas *ad quiddam exarandum et* loculos *ad aliquid e*
emendum, ut ostenderetur quia qui volunt divites esse sapienti
se primo studio conferant, quae quamvis inepta sint, hoc tamen cor
firmant, quod superius monui p. 7, loculorum, quos quis secur
gestaret, nullum alium usum nisi ad pecuniam condendam constare
quod vero alicui in mentem venire possit, aera illa quae ad Flavium
retulisse pueri dicantur loculis servata esse, jam mercedis exiguitate
refellitur, quae singulari conditorio non egebat, nec si omnia expe-
riar, invenio, quomodo quis versum, quem in Epistola argentariam
significationem habere extra dubitationem positum sit, nostro in loco,
qui ab omni ejus rei commemoratione alienus est, tueri possit, nisi
aliam similitudinem indagarit, qua cum Epistolae loco ita concinne-
tur, ut nihil inde foeneratoriae contagionis in ipsum redundet. Id
tamen ipsum ne desperem, una vox efficit, quod juvenes senesque
in Epistola, qui pecuniam primam quaerendam esse, virtutem numis
posthabendam clamant, haec tanquam *dictata recinere* dicuntur,
quae Jano *prodocente* acceperint; haec enim disciplinae scholasticae
comparationem continere apparet, cujus *dictata* proprium et solemne
verbum esse constat [45]), ac licet hic quoque objici possit sciolum
aliquem, qui foeneratores cum pueris ab ore magistri pendentibus

---

45) Cic. ad Q. Fr. III. 1: *meam in illum orationem omnes pueri tanquam dictata edis-*
cent. Horat. Epist. l. 18. 13: *ut puerum saevo credat* dictata *magistro reddere.* Pers. Sat.
l. 29: *ten' cirratorum centum* dictata *fuisse pro nihilo pendis?*

comparari videret, vicissim alterum versum, qui illorum proprius esset, perperam ad pueros in ludum euntes transtulisse, huc tamen ita tantum confugerem, si nulla via pateret, qua *loculos tabulamque* etiam praeter calculatorium usum pueris tribuere liceat; sin ex ipso Epistolae loco effici potest foeneratores, qui cum loculis tabulaque, ut superius vidimus, incederent, simul externam puerorum scholasticorum speciem retulisse, jure nostro colligemus illa etiam in scholastico apparatu locum quamvis diversum ab hoc foeneratorio habuisse. Et illud quidem, quod superius posui, etiam nunc retineo, nec foeneratorum loculis calculos conditos esse, nec pueros ideo quia loculos gestarint ad foeneratoria studia institutos haberi posse; quod tamen dixi nullo veterum testimonio aliam *loculorum* significationem constare, nisi quae ad pecuniam aliasve ejus generis res pretiosas condendas spectaret, non eam vim habet, ut si loci alicujus sententia id ipsum postulet, librorum pariter ac gemmarum vel clavium conditoria, quae alias *capsae s. scrinia* appellabantur[46]), significare posse negem, quumque *tabulam* jam a scholiasta ad scribendi meditationem referri videamus, tantum abest ut Epistolae locum hoc vetare arbitrer, ne *loculos* pro librorum chartarumque et stili repositoriis habeamus, ut vel maximum ejus acumen periturum esse dicam, si

---

46) Cf. Hor. Sat. I, 1. 120: *ne me Crispini scrinia lippi compilasse putes*, ubi Acron: *scrinia*, inquit, *capsae in quibus libri continentur;* adde Cic. Div. in Caecil. c. 16: *mihi quam multis custodibus opus est, si te semel ad meas capsas admisero?* pluraque apud G. A. Beckerum in libro elegantissimo qui inscribitur *Gallus oder römische Scenen aus der Zeit Augusts* (Lips. 1838. 8) T. I, p. 194.

gestamina laevis humeris suspensa foeneratorum tantum instrumenta necessaria, non simul etiam scholasticorum speciem aliquam continerent, quibus illi quamvis adulti adeoque provecti aetate tamen propter caecitatem et illiberalium studiorum assiduitatem non sine magno ludibrio et sale comparantur. Neque in his consisto, sed Satirae quoque loco, illo versu servato, novum acumen accedere puto, de quo iis, qui totam sententiae vim in calculatoriis studiis irridendis contineri arbitrabantur, nihil suboluit, nobis autem, qui liberalitatem Horatii patris centurionum parsimoniae in filiorum suorum institutione opponi vidimus, exoptatissimum calculum adjiciat: solitudinem dico, qua centurionum pueri loculos tabulamque suis ipsi humeris gestasse dicuntur, quum Horatius inter reliquas patris sui laudes hanc quoque ponat:

> *vestem servosque sequentes,*
>
> *In magno ut populo, si quis vidisset, avita*
>
> *Ex re praeberi sumtus mihi crederet illos:*

quumque totam descriptionem ita institutam esse videamus, ut singula singulis respondeant, optime profecto nobiscum actum dicemus, quod his quoque invenitur quod opponi possit. Scilicet pueros in scholam euntes comitari solebant *capsarii* cum thecis calamariis vel graphiariis, ut Suetonii verbis utar[47]), idque Romae adeo usitatum

---

47) V. Claud. c. 35: *et ne cujus comiti aut librario thecae calamariae aut graphiariae adimerentur,* quanquam his scribendi potissimum apparatum conditum fuisse facile concedo; cf. Martorellus de Regia theca calamaria (Neap. 1756. 4) T. 1, p. 168. Ipsos cap-

fuisse videtur, ut Juvenalis certe aetate vel qui *adhuc uno partam
coleret asse Minervam*, eum tamen *custos angustae vernula capsae*
sequeretur [46]); quod si haec Horatii sententia est, Venusiae ne centurionum quidem pueros, qui facile principes in eo municipio essent,
comites secum habuisse, qui in ludum itantibus *loculos tabulamque*
gestarent, quid in illis loculis conditum fuerit, non multum opinor
curabimus, modo illud retineamus, quod dici non potest quantum
totius imaginis vigorem augeat, ut hac quoque in re Horatii patris
munificentia apparuerit, qui quum in patria etiam comitum sumtibus parcere posset, ne hac quidem re absterritus est, quominus eum
Romam deduceret, ubi puerum sine comitatu in scholam mittere
omnino non poterat. In Epistola autem cur post tot annorum intervallum eundem versum iterarit, id ipsum in causa ponere poterimus, quod quum foeneratores illos quotidie cum tabulis expensarum
et loculis argento plenis ad Janos adstantes videret, in mentem ei
veniebat municipalis illa juventus, quam se olim simili ornatu in
ludum commeantem videre meminisset, idque eo facilius facere poterat, quo magis exspectandum erat iis, qui Epistolas legerent, etiam
quae in Satira olim dixisset non ignota fore; immo quod ex altera
ratione maximam difficultatem habebat, ne, quum Satiram ante Epistolam scriptam esse constaret, illam ex hac potius quam hanc ex

---

: *sarios* cum *paedagogis* conjungit Sueton. V. Neron. c. 36; adde Pignorium de Servis p. 238,
Boettigeri Sabinam T. I, p. 102 et Beckerum l. c. p. 115.

48) Juvenal. X. 118.

illa explicare cogeremur, nunc facillime ita expeditur, ut, quamvis proprium sibi locum versus ille in Epistola tueatur, veram tamen et plenam lucem ex Satirae demum recordatione accipiat.

Sed hoc quidem amplius persequi nunc non vacat, si quidem ad illud nos converti oportet, quod toti huic scriptioni ansam dedit, ut quae per hunc annum, quo summum Academiae magistratum gessi, memoratu digna acciderint, enarrem, debitamque Supremo Numini testificationem omnium beneficiorum reddam, quae ejus virtute per hoc quoque tempus in me Academiamque nostram redundarunt. Et hic primum quidem non sine maxima gratulatione commemoranda est Serenissimi Principis ac Domini nostri Clementis-simi benignitas, quo auspice quum omnino res nostrae firmae et inco-lumes steterunt, tum imprimis cum viris honestissimis, qui Cassellas ad consilium publicum convenerant, ita actum est, ut opibus nostris insigniter auctis et aliorum institutorum desideriis largiter subventum sit et bibliotheca academica, commune omnium disciplinarum adju-mentum, fere altero tanto amplius quam antea habuit acceperit, nec magistros bene meritos remunerandi copia desit, quo in genere et Vollgraffio, Viro Illustrissimo, stipendium auctum est et Carolus Reinhardus Müller, Vir Clarissimus, qui nullum adhuc acceperat, certum invenit. Neque illud silentio praetermittendum est, quod Viro Amplissimo Fr. E. Möllero, qui jam per multos annos Aca-demiae nostrae reditibus regendis cum summa diligentia et gravitate praeest, reliquarum quoque rerum, quibus ab Augustissimis Germaniae Principibus procuratores in Academiis patriis constitui solent, curatio commissa est; omnium autem maximas spes nobis excitavit adventus Viri Generosissimi atque Excellentissimi L. B. de Hanstein, Serenissimi Principis in rebus internis administrandis ministri et consiliarii primarii, qui quum omnia coram inspexerit solitaque cum humanitate ac benevolentia nostris commodis se prospecturum significarit, confidimus fore, ut quae etiam nunc facienda restant propediem ex sententia absolvantur, institutaque, quae et rerum copia et directorum ardore ac peritia nulli simili cedant, aedificia quoque tanta praestantia digna nanciscantur. Professorum in ordinem hoc ipso die libenter recepimus Virum Summe Reverendum Fridericum Guilielmum Rettberg, Phil. et Theol. Doctorem et P. P. O. qui Gottinga huc vocatus eam lacunam explebit, quae Beckhausio V. S. R. ad otium septuagenario debitum translato orta erat; extraordinariorum ex numero discessit J. A. M. Albrecht, J. U. D. Erlangam in patriam redire jussus, accesserunt Vir Consultissimus Conradus Büchel J. U. D. quem dudum bene de hac Academia meritum tandem laborum suorum praemium accepisse laetamur, Virique Clarissimi Carolus Winckelblech et Carolus Theodorus Bayrhoffer Philosophiae Doctores, quorum alteri Chemia, alteri ipsa Philosophia tradenda mandata est; privatim docere coeperunt Carolus Sternberg J. U. D. et in tribunali quod in hac urbe floret superiori causarum procurator, et Carolus Julius Caesar, Philos. D. qui antiquas literas sibi profitendas sumsit. Morte amisimus virum gravissimum et integerrimum Fridericum Sangmeister, Academiae Oeconomum, qui paucis mensibus postquam quinquagesimum munerum publicorum annum impleverat, debitum naturae reddidit, quemque etsi strenuum et acrem successorem accepisse gaudemus Conradum Lederer, qui jam per aliquot annos adjunctus ipsi et vicarius datus fuerat, tamen ob suavitatem morum animique candorem nunquam desiderare desinemus; duos praeterea juvenes literarum studiosos, Ernestum Creuzer, quem malus error ad manum sibi ipsi inferendam abripuit, et Johannem Raabe, cujus vitae phthisis pulmonum praematurum finem imposuit, utrumque, quia inter meos ipsius auditores fuerunt, mihi prae aliis deplorandum. Universam ceterum studiosae juventutis cohortem quod attinet, numerus eorum, qui valde imminutus fuerat, aliquid incrementi accepit, paucisque exceptis non est cur de moribus ipsorum vel industria secus existimem; immo longe maximae parti meritam probitatis et verecundiae laudem negare nefas foret, neque quidquam ardentius opto, quam ut successori quoque meo eandem quam mihi honestatem ab omni ludibrio malarumve artium communione alienam comprobent, quod ut faciant, hoc ultimo magistratus mei edicto eos quam impensissime hortor atque moneo. Jam enim instat dies hujus mensis IX, quo fasces Academiae, quos per hunc annum tenui, successori rite creato et a Serenissimo Principe ac Domino nostro confirmato, Viro Summe Reverendo, Magnifico

JULIO MÜLLER,

THEOL. D. ET P. P. O.

in auditorio Academiae majore traditurus sum, cujus sacri ceremoniis ut frequentes adesse, me illumque orantes audire, bonaque vota concipientibus favere velint *Professores omnium ordinum Summe Reverendi, Illustres et Consultissimi, Experientissimi, Excellentissimi, quotquot praeterea in quocunque honoris ac dignitatis gradu constituti bene Academiae cupiunt et bonis artibus favent, cives denique Minervae sacris operantes ornatissimi ac suavissimi,* omni qua decet humanitate atque observantia oro rogoque.

P. P. Marburgi, Kalend. Septemb. a. MDCCCXXXVIII.

CPSIA information can be obtained
at www.ICGtesting.com
Printed in the USA
BVHW081103040119
537046BV00016B/761/P

9 780666 058331